30

供电企业生产技能人员标准化作业培训教材

输电线路停电更换水泥杆拉线

福建省电力有限公司　组编

输变电

中国电力出版社
CHINA ELECTRIC POWER PRESS

内容提要

本册书是按照《供电企业生产技能人员标准化作业培训教材》体系的要求，结合生产实际编写而成。本册书主要介绍停电更换水泥杆拉线作业工作程序及相关安全注意事项等，通过对工艺流程及作业案例的介绍，使读者熟悉和掌握作业前的准备工作、作业中的危险点预控、工艺标准和质量要求等内容。

本册书作者都是长期从事电力生产一线的员工，有较为丰富的现场实际经验，所列举的案例也是实际生产过程中所发生的，针对作业现场实际，可操作性强，可用于从事输电线路运维与检修人员的培训教学用书，也可作为电力职业院校教学参考用书。

图书在版编目（CIP）数据

供电企业生产技能人员标准化作业培训教材. 输变电/福建省电力有限公司组编. —北京：中国电力出版社，2012.12

ISBN 978-7-5123-3810-4

Ⅰ. ①供… Ⅱ. ①福… Ⅲ. ①供电－工业企业管理－标准化管理－中国－技术培训－教材 ②输电－电力系统－技术培训－教材 ③变电所－电力系统－技术培训－教材 Ⅳ. ①F426.61

中国版本图书馆 CIP 数据核字（2012）第 287838 号

中国电力出版社出版、发行

（北京市东城区北京站西街 19 号 100005 http://www.cepp.sgcc.com.cn）

北京九天众诚印刷有限公司印刷

各地新华书店经售

*

2013 年 1 月第一版 2013 年 1 月北京第一次印刷

787 毫米×1092 毫米 16 开本 84 印张 1766 千字

全册定价 **232.00** 元

编　委　会

主　　任　张　磊

副 主 任　陈卫中　李功新

成　　员　叶继宏　郑佩祥　黄文英　金昌榕　于建龙

任晓辉　邱兴平　陈大凤　张　荣　洪西卿

姚　亮　林　平　宋福海　连纪文　罗　松

林　宇　林　贇

编　写　组

主　　编　李功新

副 主 编　叶继宏　金昌榕　陈大凤　张　荣

编写组组长　林　平

成　　员（按姓氏笔画排序）

王全兴　王恒山　叶立群　叶色亮　朱　菁

庄　严　庄沪生　刘志平　严有祥　李　春

李　超　李勇明　李积捷　李萌峰　杨文陵

杨志豪　杨建平　杨毓庆　连鸿松　肖颂勇

吴　达　吴志成　吴奇宝　吴辉煌　吴簪麟

邱振敏　沈明松　沈谢林　张绍明　陈　影

陈艺鑫　陈日坤　陈祥舒　陈朝晖　陈德兴

林　衡　林一泓　林志敏　林志强　林轶群

林海渊　欧世尧　欧永连　罗　松　罗　毅

金建宁　郑哲人　郑雄俊　郑黎斐　赵道阳

施　纬　施广宇　洪西卿　钱志立　翁晓锋

涂恩来　黄　亮　黄国敏　董　磊　傅智为

潘晨曦

前言

preface

为了更好地服务“五大”体系建设，提升生产技能人员良好的“职业化”行为习惯，建立与现场标准化作业生产环境一致的培训课程体系，福建省电力有限公司以现场标准化作业指导书为蓝本，组织开展生产技能标准化作业培训教材的编写工作。为确保教材的编写质量和进度，由总工程师李功新主抓此项工作，多次召集工作协调会，定期听取编写进度汇报；人力资源部负责教材编写的组织工作，运维检修部、科技信通部和调度控制中心负责教材编写的具体工作，福建省电力有限公司和基层单位技术专家组成教材编写与审定小组，公司培训中心负责教材编写框架和编写规范的制订、编写进度跟踪及其他协调工作。

本套教材集中了福建省电力有限公司众多专家学者的智慧，采用了全新的组织架构，突出了基于现场标准化作业的培训特色。本套教材分为配电专业、输变电专业和二次专业三本书，包括 91 项现场标准化作业项目（子分册），具有很强的针对性和实用性。各项目（子分册）分为两部分：第一部分介绍了各项目的工作流程、工作质量标准与控制、危险点分析与预控、管理与记录要求、作业案例等；第二部分罗列了标准化作业指导书等标准化作业文本，并结合第一部分的作业案例说明了标准化文本的填写规范。部分项目（子分册）还在附录部分对设备等内容进行了说明。

其中，配电专业分为架空线路、配电设备、计量装置及其他设备，由福建省电力有限公司运维检修部高级工程师姚亮担任编写组长，福州电业局、厦门电业局、莆田电业局、泉州电业局、漳州电业局、龙岩电业局、三明电业局、南平电业局、宁德电业局、福清电力公司、石狮电力公司、晋江电力公司、南安电力公司、长乐电力公司等单位的专家参与编写工作。输变电专业分为开关类、线圈类和架空线路及电缆，由福建省电力有限公司运维检修部高级工程师林平担任编写组长，福建省电力科学研究院、检修分公司、福州电业局、厦门电业局、莆田电业局、泉州电业局、漳州电业局、龙岩电业局、三明电业局等单位的专家参与编写工作。二次专业分为继电保护、综合自动化、直流系统和电力通信，由福建省电力有限公司调度控制中心高级工程师宋福海、科技信通部高级工程师连纪文担任编写组长，福建省电力科学研究院、检修分公司、信息通信分公司、福州电业局、厦门电业局、莆田电业局、泉州电业局、龙岩电业局、三明电业局、南平电业局等单位的专家参与编写工作。

本册由厦门电业局严有祥担任编写组长，厦门电业局叶色亮、福州电业局王全兴、泉州电业局吴志成、三明电业局沈明松、李春等编写；福建省电力有限公司运维检修部吴虹主审，福建省电力有限公司运维检修部林力辉、漳州电业局李郭然、福建省电力有限公司检修分公司倪孟华、厦门电业局胡志猛、吴增辉、福建省电力科学研究院李强等参审。

本教材在编写、审定过程中得到了福建省电力有限公司有关单位领导和专家的大力支持和帮助，在此一并感谢。同时，也感谢中国电力出版社的大力支持。

由于编者能力所限及编写时间仓促，难免存在疏漏之处，恳请各位专家和读者提出宝贵意见。

contents 目录

第一部分

标准化作业培训

1 作业描述

根据停电更换水泥杆拉线的标准化作业指导书内容，介绍更换水泥杆拉线作业流程、质量标准与控制、安全危险点分析与预控措施及管理要求。通过流程介绍和作业案例学习，掌握停电更换拉所需工器具、材料、工作流程、质量标准、作业中的危险点预控、操作步骤、管理要求等内容。

2 工作流程

停电更换水泥杆拉线作业的工作流程如图 1-1 所示。

3 工作质量标准与控制

3.1 引用标准

GB 50233—2005 《110～500kV 架空送电线路施工及验收规范》

GB 50545—2010 《110kV～750kV 架空输电线路设计规范》

DL/T 741—2010 《架空输电线路运行规程》

3.2 检修质量控制

（1）更换拉线前应先打好临时拉线，并确定临时拉线连接牢靠，锚桩牢固，方可进行更换拉线工作。

（2）杆塔的拉线应在监视下对称调整，防止受力过紧或不均而使杆塔产生倾斜或局部弯曲。

（3）安装后的拉线工艺应满足规范要求。

1）拉线上把：

①钢绞线截断须绑扎端头，不散股。

②尾线应在凸肚侧。

③钢绞线与舌板的间隙不得大于 1mm。

④尾线露出线夹为 300mm±30mm。

⑤尾线应用铁线紧密绑缠 100mm±10mm。

⑥绑线（不含小辫）绑完后距尾线端头 50mm±10mm。

⑦绑完后应拧紧 3～5 圈小辫并压平，小辫应均匀无开叉。

⑧绑缠时不得损伤铁线镀锌层（不包括小辫）。

⑨楔型线夹端部锌层不得损伤。

⑩主线与尾线应平行。

⑪延长环朝向位置正确。螺杆穿向统一，楔型线夹螺栓应装好开口销。

2）拉线下把：

①钢绞线截断须绑扎端头，不散股。

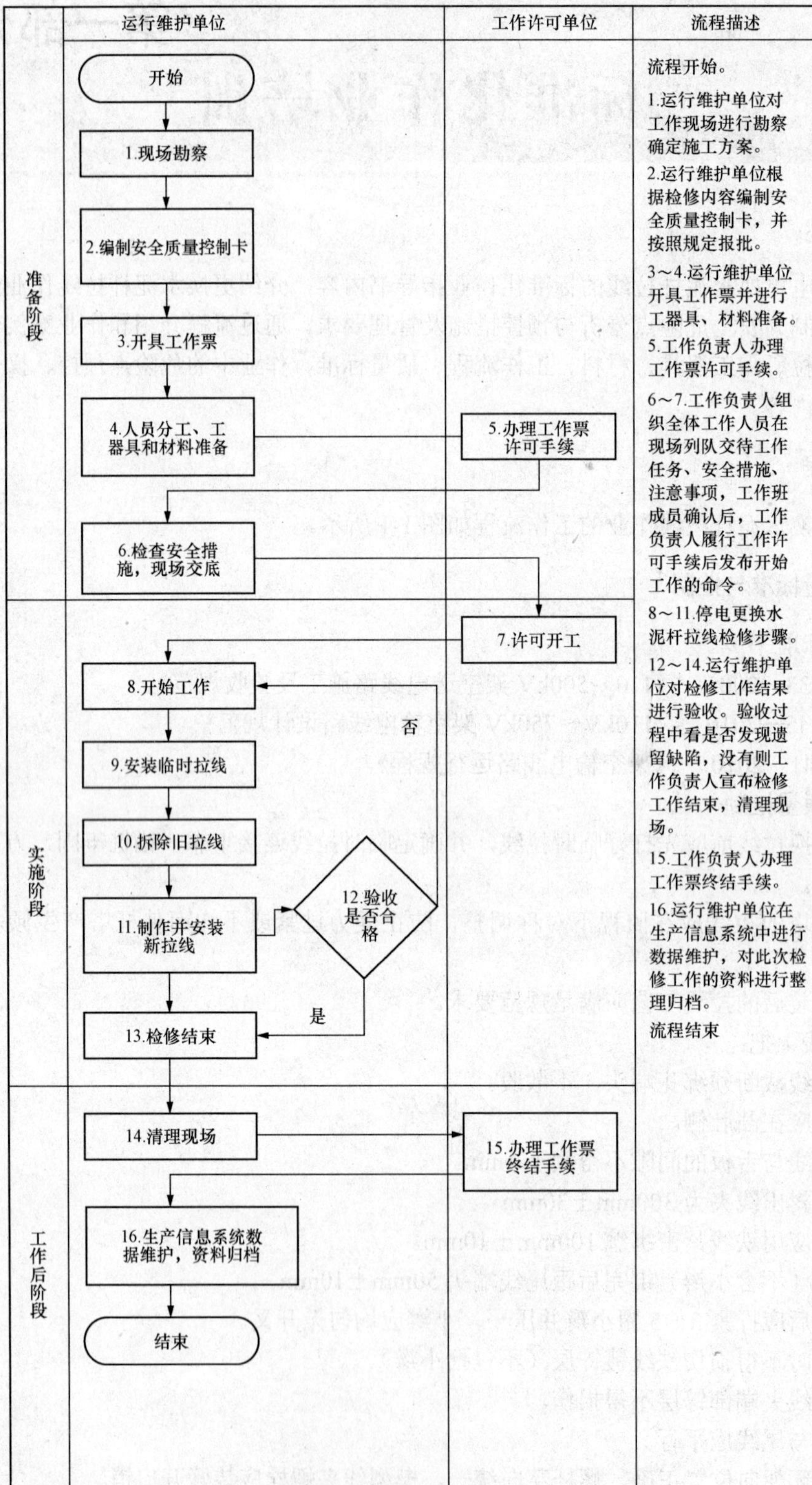

图 1-1　停电更换水泥杆拉线作业的工作流程图

②尾线应在凸肚侧，并与上把凸肚朝向同向。
③尾线露出线夹 500mm±30mm。
④钢绞线余料不得超过 1000mm。
⑤紧后螺杆露扣，但应留有不少于 1/2 丝杆备用。
⑥钢绞线与舌板的间隙不得大于 1mm。
⑦尾线主扎段应紧密绑缠 100mm±10mm，绑完后应拧紧 3～5 圈小辫并压平。
⑧尾线次扎段应紧密绑缠 3～5 圈，绑完后应拧紧 3～5 圈小辫并压平。
⑨尾线次扎段（不含小辫）绑完后距端头 50mm±10mm。
⑩绑缠时不得损伤铁线镀锌层（不包括小辫）。
⑪UT 线夹端部锌层不得损伤。主线应与尾线平行。

（4）作业现场遇有雷、雨、大雾、五级以上大风、相对湿度超过 80%时应停止工作。

4 安全风险分析与预控

4.1 危险点 1：触电

事故案例

9 月 12 日，××供电公司送电工区在 35kV 白石线水川 T 接 1～31 号杆进行停电清扫、消缺工作。11 时 35 分左右，王×在失去监护的情况下，误登上与白石线水川 T 接平行架设的水顾线 6 号杆，上杆后系好安全带，清扫 V 相绝缘子时触电坠落，被安全带挂在横担处。11 时 40 分顾变断开顾水线断路器，现场组织人员将王×从杆上放下，并紧急送往白银市第二人民医院救治。经诊断，王×双手、左腿被电弧灼伤，右腿膝关节处骨折。事故造成王×双前臂截除、右小腿截除。

防范措施

（1）同杆塔架设多回线路中部分线路停电的工作中，登杆塔和在杆塔上工作时，每基杆塔都应设专人监护。（《国家电网公司电力安全工作规程（线路部分）》第 5.3.5.4 条）

（2）作业人员登杆塔前应核对停电检修线路的识别标记和双重名称无误后，方可攀登。登杆塔至横担处时，应再次核对停电线路的识别标记与双重称号，确实无误后方可进入停电线路侧横担。（《国家电网公司电力安全工作规程（线路部分）》第 5.3.5.5 条）

（3）在杆塔上进行工作时，不准进入带电侧的横担，或在该侧横担上放置任何物件。（《国家电网公司电力安全工作规程（线路部分）》第 5.3.6 条）

4.2 危险点 2：高处坠落

事故案例

5 月 11 日，××电力建设总公司开始对那安线路进行增加绝缘子工作。5 月 15 日，电建公司线路二班一组在完成 23 号铁塔增加绝缘子工作后，于 11 时 10 分转移到 13 号铁塔工作。按照工作程序，先用 3t 葫芦把导线回收，退去绝缘子串的受力，然后在绝缘子与球头挂环连接处断开，加装绝缘子。11 时 55 分，在完成 13 号铁塔增加绝缘子工作后准备拆除紧线器时，由于距离较远，施工人员只能骑坐在绝缘子串上作业。施工人员巴×将安全带系在 13 号铁塔 V 相绝缘子串上，正准备作业时，绝缘子 U 型挂环与铁塔挂点处螺栓发生脱落，导致绝缘子串滑脱，致使骑坐在绝缘子串上的施工人员坠地。其他工作人员随即将其送往那曲地区人民医院进行抢救，因伤势过重抢救无效，于 5 月 15 日 12 时 30 分死亡。

防范措施

（1）作业人员攀登杆塔、杆塔上转位及杆塔上作业时，手扶的构件应牢固，不准失去安全防护，并防止安全带从杆顶脱出或被锋利物损坏。（《国家电网公司电力安全工作规程（线路部分）》第 6.2.3 条）

（2）高处作业人员在作业过程中，应随时检查安全带是否拴牢。高处作业人员在转移作业位置时不准失去安全带防护。（《国家电网公司电力安全工作规程（线路部分）》第 7.10 条）

（3）工作负责人、专责监护人应始终在工作现场，对工作班人员的安全进行认真监护，及时纠正不安全的行为。（《国家电网公司电力安全工作规程（线路部分）》第 2.5.1 条）

4.3 危险点 3：高处落物伤人

事故案例

10 月 25 日，××供电局线路工区在 110kV 麦铁线 75～79 号杆间进行改线施工，由郑×上 79 号杆工作。当郑×为做松线的准备转移在杆上的位置时，其使用的脚扣掉下一只，正好砸在杆头挂倒扒的临时工徐×的左前臂，造成徐×左前臂尺骨软组织挫伤的人身轻伤事故。

防范措施

（1）杆塔作业应使用工具袋，较大的工具应固定在牢固的构件上，不准随便乱放。上下传递物件应用绳索拴牢传递，禁止上下抛掷。在杆塔上作业，工作点下方应按坠落半径设围栏或其他保护措施。杆塔上无法避免垂直交叉作业时，应做好防落物伤人的措施，作业时要相互照应，密切配合。（《国家电网公司电力安全工作规程（线路部分）》第 6.2.5 条）

（2）在进行高处作业时，除有关人员外，不准他人在工作地点的下面通行或逗留，工作地点下面应有围栏或装设其他保护装置，防止落物伤人。（《国家电网公司电力安全工作规程（线路部分）》第 7.13 条）

4.4 危险点 4：防倒杆

事故案例

4 月 17 日，××供电局工程部一班在进行 110kV 皇上线 3 号门型直线杆 A 腿侧更换拉线作业。施工人员庄×在杆上将吊上的临时拉线固定后，杆下人员孙×没有等戴×收紧临时拉线，就先去拆除待更换的拉线。结果造成 3 号门型直线杆 A 腿向有拉线的一侧倾斜事故。

防范措施

（1）检修杆塔不准随意拆除受力构件，如需要拆除时，应事先作好补强措施。调整杆塔倾斜、弯曲、拉线受力不均或迈步、转向时，应根据需要设置临时拉线及其调节范围，并应有专人统一指挥。杆塔上有人时，不准调整或拆除拉线。（《国家电网公司电力安全工作规程（线路部分）》第 6.3.15 条）

（2）固定临时拉线时，不准固定在有可能移动的物体上，或其他不牢固的物体上。（《国家电网公司电力安全工作规程（线路部分）》第 6.3.8 条）

（3）临时拉线绑扎工作应由有经验的人员担任。临时拉线应在永久拉线全部安装完毕承力后方可拆除。（《国家电网公司电力安全工作规程（线路部分）》第 6.3.10 条）

5 管理与记录要求

（1）召开班前会、班后会。

（2）将检修记录、缺陷处理记录等相关作业记录输入 GPMS 系统。

（3）将班前会和班后会录音上传至 GPMS 系统，并做好登记。

（4）将本次作业过程记录录入到 GPMS 系统，进行评估和终结作业流程。

6 作业案例

以 110kV 后龙线 2 号水泥门型杆更换拉线为例。

6.1 作业准备阶段

6.1.1 准备工作

序号	工 作 项 目	工作内容或要求	备注
1	查阅资料，明确更换拉线任务分工和时间安排。必要时安排现场勘察	查阅缺陷记录、上次检修记录和相关巡视记录，确定任务。根据任务情况和人员情况，进行任务分配并明确时间要求	
2	编制作业指导书	包含更换工作任务的人员分工、作业方案、质量控制流程和工艺标准、作业危险点分析及控制措施等内容	
3	材料和工具准备	根据作业指导书准备相应工具和材料	

6.1.2 召开班前会

序号	内 容	标 准	备注
1	人员分工	根据作业内容及工作量确定具体的人员分工	
2	技术交底	明确作业方法、工艺及质量标准	
3	进行危险点分析并制定控制措施	危险点分析及控制措施详尽并有针对性	

6.1.3 填写并签发工作票

完整填写线路第一种工作票并履行审批、签发手续。

6.2 作业实施阶段

6.2.1 作业开工

序号	工作项目	工作内容或要求	备注
1	办理工作许可手续	作业前与调度联系线路确已停电，办理工作许可手续，并且安全措施已布置完毕，可以作业	
2	宣读工作票	1．工作负责人召集全体人员列队，宣读工作票，工作人员列队认真听票。 2．工作负责人讲明工作中的危险点及控制措施，并进行提问，无问题后工作班人员在工作票上签字确认后，方可开始作业	
3	核对工作范围及设备	工作负责人接到工作许可命令后，率领工作班成员到达现场。工作负责人要亲自按工作票核对作业线路名称、杆塔号等	
4	验电、挂接地线	1．由专人用合格的验电器在作业地段前后杆塔验电，并设专人监护。 2．验明线路确无电压后，开始装设接地线。应先接接地端后接导线端，接地线应接触良好，连接可靠；接地线不得缠绕	

6.2.2 作业内容及质量控制流程

（1）登杆塔挂滑车，登杆（塔）至横担下方适当位置，绑好安全带，挂好滑车及传递绳。

（2）安装临时拉线（更换 UT 线夹等拉线金具时不执行此步骤）：

1）地面电工通过传递绳吊上临时拉线，杆上电工将临时拉线固定在拉线挂点附近。

2）地面电工用多功能紧线器收紧临时拉线（紧线器后端可用钢丝绳套固定在待换拉线的拉棒或打好的铁桩上）。

（3）地面上制作新拉线上把。

1）用钢卷尺从端部量取 5、15、45cm 并在各点做好印记。

2)在 45cm 处将尾线回弯至合适弯曲度,并在尾线与主线离弯曲点两边各 8cm 处回弯(保证 3 个弯曲成一个平面)。

3）装入楔型线夹，适度拉紧，放入舌头再拉紧，用绝缘板打紧楔型，回舌头，再次打至紧密（用绝缘板敲打楔形线夹时不准戴手套，钢绞线与舌板间的缝隙不得大于 1mm，钢绞线尾线应在凸肚侧）。

4）在 15cm 处弯曲，并排主线与尾线用大力钳固定，并且用铁线紧密绑缠 100mm（约 28 道）。绑完后应拧紧 3～5 圈小辫并压平，小辫应均匀无开叉［绑缠时不能损伤铁线镀锌层（不包括小辫）］。上把做完后在杆下用吊绳正确绑扎。

（4）拆除旧拉线、安装新拉线上把。

1）地面电工使用多功能紧线器收紧待换拉线，并在拉线上绑一条防脱落保护绳。

2）地面电工旋松拉线 UT 线夹螺帽，将 UT 线夹卸下。

3）地面电工松出多功能紧线器，使拉线松弛后脱开紧线器。

4）将传递绳绑在拉线楔型线夹下部，地面电工拉紧传递绳，杆上电工脱开楔型线夹的连接螺栓。

5）地面电工控制拉线下端，同时将拉线缓缓松下。

6）地面电工将新拉线装入楔型线夹中，新拉线用传递绳绑扎，将拉线上端传递给杆上电工，杆上电工将楔型线夹与拉线挂点连接好并装好开口销（起吊过程不得碰杆，绳索不得打扭，应平稳起吊与放绳）。

（5）地面上制作下把、安装新拉线。

1）地面电工脚踩钢绞线，将紧线器上的钢丝绳套套入拉线棒拉紧，一手抓住卡线器，一手拉钢绞线，安装卡线器，并尽量拉紧钢绞线，使拉线棒与钢绞线成一直线，收紧紧线器至合适松紧度。(收紧过程应派专人，监视杆身防止杆身倾斜)。

2）取 UT 线夹套入拉线棒，钢绞线靠近 UT 线夹一半螺牙处做印记 1。

3）用卷尺在钢绞线上从印记 1 起分别量取 65、59、45、35cm 四个位置并用记号笔做明显标记。

4）在钢绞线 65cm 位置用细铁丝绑好，用大剪刀截断钢绞线。

5）在印记 1 处弯曲尾线，装入下把拉紧，装入舌头再拉紧（尾线应在凸肚侧），脱下手套用绝缘板打紧下把，回舌头，再次打至紧密。

6）安装下把与 UT 线夹，并锁紧螺帽，带双帽（并与上把凸肚朝向同向）。紧后螺杆露扣，但应留有不少于 1/2 丝杆备用。

7）松紧线器，拆卡线器。

8）取大力钳将尾线与主线平行固定，从 35cm 处起用铁线紧密绑扎主扎段 100mm，绑完后应拧紧3～5圈小辫并压平。

9）松开大力钳从59cm处用铁线紧密绑扎次扎段3～5圈，绑完后应拧紧3～5圈小辫并压平，绑缠过程中不得损伤铁线镀锌层（不包括小辫）。

10）拆除临时拉线，拔出铁桩。

6.3 作业结束阶段

序号	工作程序名称	工作内容或要求	备注
1	作业现场清理	达到工完、料净、场清	
2	盘点工具、材料数量	按工器具和材料附表核实工具、材料数量	
3	申请办理质量验收	由验收单位按工艺标准及有关规程组织施工质量验收	
4	拆除接地线、人员撤离	工作结束后，工作负责人检查作业现场无问题、确定所有人员下杆后，下令拆除接地线	
5	办理工作票终结手续	工作负责人向工作许可人汇报作业结束，现场人员全部下塔后，线路所挂的接地线已全部拆除，没有遗留问题，可以恢复送电	

6.4 作业小结

（1）召开班后会。

（2）修改相应台账数据。

（3）将班前会和班后会录音上传至GPMS系统，并做好登记。

（4）将本次作业过程记录录入到GPMS系统，进行评估和终结作业流程。

思考与练习

1．采用楔型线夹连接的拉线，安装时应符合哪些规定？

2．NUT型线夹安装有何要求？

第二部分 标准化作业文本

1 标准化作业指导书

××kV××线停电更换拉线作业指导书

编写：__________ ______年______月_____日

审核：__________ ______年______月_____日

批准：__________ ______年______月_____日

工作负责人：

作业日期： 年 月 日 时至 年 月 日 时

××××公司

1 范围

本作业指导书适用于××kV××线路停电更换水泥杆拉线作业。

2 引用文件

GB 50233—2005 《110～500kV 架空电力线路施工及验收规范》
GB 50545—2010 《110kV～750kV 架空输电线路设计规范》
DL/T 741—2010 《架空输电线路运行规程》
DL/T 5168—2002 《110～500kV 架空电力线路工程施工质量检验及评定规程》
DL 5009.2—2004 《电力建设安全工作规程》（第二部分：架空电力线路）
国家电网安监〔2009〕664 号 《国家电网公司电力安全工作规程》（线路部分）
国家电网生〔2006〕935 号 《架空输电线路管理规范》
国家电网公司 《110（66）kV～500kV 架空输电线路运行规范》
国家电网公司 《110（66）kV～500kV 架空输电线路检修规范》
国家电网公司 《110（66）kV～500kV 架空输电线路检修导则》

3 作业前准备

3.1 准备工作安排

√	序号	内 容	标 准	责任人	备注
	1	现场勘察	杆塔、拉线结构及现场交叉跨域情况等		
	2	查阅有关资料	1．查阅作业设备的有关图纸资料，主要包括作业具体位置、线路电压等级、杆塔高度、拉线位置、拉线及金具型号。 2．估算或计算承受的张力，确定紧线工具的型号		
	3	了解现场气象条件	出工前查询当日气象情况		
	4	工具材料准备	按照 3.4 和 3.5 表中所列准备工具材料		
	5	组织现场作业人员学习作业指导书	掌握整个操作程序，理解工作任务及操作中的危险点及预控措施		

3.2 人员要求

√	序号	内 容	责任人	备注
	1	作业人员必须持证上岗		
	2	身体健康符合《电业安全工作规程规定》，作业前精神状态良好		
	3	有关规程考试合格		

3.3 设备了解

√	序号	准备内容及要求	备 注
	1	了解作业设备的名称、编号、位置及邻近设备情况	
	2	了解作业时的停电范围及邻近设备运行状态	

表（续）

√	序号	准备内容及要求	备 注
	3	了解作业杆塔型式及所处地形、地貌	
	4	了解各杆塔水平（耐张塔）、垂直（直线塔）档距大小	
	5	了解交叉跨越情况	
	6	了解当天天气状况	

3.4 安全工具准备

√	序号	工具名称	规 格 型 号	单位	数量	备注
	1	验电笔	与检修线路设备电压等级相适应	把	2	
	2	接地线	与检修线路设备电压等级相适应	副	2	

3.5 作业工器具准备

√	序号	名 称	型号/规格	单位	数量	备 注
	1	多功能紧线器	1.5t	把	2	
	2	卡线器	GJ25－100	把	1	根据现场需要确定型号
	3	钢丝绳套	ϕ20	条	3	根据现场需要确定型号长度
	4	断线钳		把	1	
	5	小铁锤	1.5 磅	把	1	
	6	铁桩	1.5m	根	2	
	7	大锤	8 磅	把	1	
	8	绝缘绳	ϕ10	条	2	
	9	滑车	0.5t	个	1	
	10	脚扣	ϕ300	副	1	
	11	卸扣	3t	个	4	
	12	钢丝绳	ϕ12	条	1	根据现场需要确定型号长度
	13	钢线卡子		个	3	根据现场需要确定型号
以上作业工器具机械及电气强度均应满足《电业安全工作规程》要求，周期预防性、检查性试验合格						

3.6 材料准备

√	序号	名 称	型 号	单位	数量	备 注
	1	钢绞线	GJ－70	m	25	根据现场需要确定型号长度
	2	UT 线夹	NUT－2	副	1	根据现场需要确定型号
	3	楔型线夹		副	1	根据现场需要确定型号
	4	拉线 U 型环	U－7	个		根据现场需要确定型号
	5	小铁丝	18 号	m	3	

3.7 危险点分析及预控措施

√	序号	内　　容
	1	作业人员攀登杆塔或作业过程中，可能发生高处坠落
	2	接地线未挂好就上塔进行作业
	3	高空作业人员所带工具材料坠落伤人
	4	更换拉线过程中有可能因为临时拉线失效，造成杆塔倾斜或倒杆事故

3.8 安全措施

√	序号	内　　容
	1	作业人员应按规定戴好安全帽、绑好安全带。登杆塔前应检查登杆工具、脚钉、爬梯是否牢靠，攀爬过程中手脚应踏牢抓稳
	2	工作负责人确认两端接地已挂好后方可上杆作业
	3	更换前应先检查旧拉线的锈蚀或损伤情况，必要时采取局部补强措施
	4	更换拉线前应先打好临时拉线，并确定临时拉线连接牢靠，锚桩牢固，临时拉线紧线器的方向开关应扳到正确的位置
	5	作业人员应穿戴全套劳保用品
	6	按规定办理工作票，开始工作前与调度联系，完工后应向调度汇报

3.9 作业任务及分工（见安全质量控制卡）

√	序号	作 业 内 容	分组负责人	作　业　人　员
	1	工作负责人 1 名负责组织协调现场工作及安全监护		
	2	杆上电工 1 名，拆装拉线楔型线夹及拆装临时拉线		
	3	地面电工 2 人，负责拆装临时拉线，收紧拉线，拆装拉线 UT 线夹		

4 作业程序

4.1 开工

√	序号	内　　容	责任人签名
	1	工作负责人办理线路第一种工作票，履行工作许可手续	
	2	工作负责人下令在工作地段两端验电、挂接地线	
	3	工作负责人接到工作地段两端接地线均已挂好的通知后，宣布开工	

4.2 作业内容及标准

√	序号	作业内容	作业工序及标准	安全措施及注意事项	责任人签字
	1	现场准备工作	1．工作负责人核对线路的名称和编号。 2．工作班成员将工具摆放整齐进行外观检查。 3．全体人员佩戴好个人安全用具，工作负责人（监护人）分配具体任务，交待安全注意事项	检查时应注意工具是否有损坏、变形、失灵	
	2	登杆塔挂滑车	登杆（塔）至横担下方适当位置，绑好安全带，挂好滑车及传递绳	安全带应绑在主杆或牢固的构件上	
	3	安装临时拉线（更换UT线夹等拉线金具时不执行此步骤）	1．地面电工通过传递绳起吊临时拉线，1号电工将临时拉线固定在拉线挂点附近。 2．地面电工用多功能紧线器收紧临时拉线（紧线器后端可用钢丝绳套固定在待换拉线的拉棒或打好的铁桩上）	1．上下传递拉线应使用规范绳扣。 2．使用铁桩固定临时拉线时应充分考虑拉线受力情况	
	4	更换拉线	1．地面电工使用多功能紧线器收紧待更换的拉线。 2．地面电工旋松拉线UT线夹螺帽，将UT线夹卸下。 3．地面电工松出多功能紧线器，使拉线松弛后脱开紧线器。 4．将传递绳绑在拉线楔型线夹下部，地面电工拉紧传递绳，1号电工脱开楔型线夹连接螺栓。 5．地面电工控制拉线下端，同时将拉线缓缓松下。 6．地面电工将新拉线装入楔型线夹中，绑好传递绳将拉线上端传递给1号电工，1号电工将楔型线夹与拉线挂点连接好。 7．地面电工用多功能紧线器收紧拉线，测量拉线长度后用断线钳将余线剪断。 8．地面电工安装UT线夹，将UT线夹螺栓紧至拉线受力，并应有不小于1/2的螺牙可调，松开多功能紧线器。 9．拆除临时拉线，拔出铁桩	1. 上下传递拉线应使用规范绳扣，绑扎应牢靠。 2. 作业点下方不得人有逗留。 3. 松、紧拉线过程应派专人，监视杆（塔）身防止杆塔倾斜	
	5	杆上电工撤离	拆除工具、人员下杆、工作结束		

4.3 竣工

√	序号	内　　容	负责人员签字
	1	工作负责人全面检查工作完成情况，清理现场工具，检查杆上有无遗留物，无误后撤离现场工完、料尽、场地清	
	2	通知调度并终结工作票	
	3	开班后会总结当日工作，做好工作记录	
	4	登录GPMS系统进行缺陷闭环管理，将班前班后会录音上传	

4.4　消缺记录

√	序号	缺 陷 内 容	消除人员签字

4.5　验收总结

序号	检 修 总 结	
1	验收评价	
2	存在问题及处理意见	

4.6　指导执行情况评估

<table>
<tr><td rowspan="4">评估内容</td><td rowspan="2">符合性</td><td>优</td><td></td><td>可操作项</td><td></td></tr>
<tr><td>良</td><td></td><td>不可操作项</td><td></td></tr>
<tr><td rowspan="2">可操作性</td><td>优</td><td></td><td>修改项</td><td></td></tr>
<tr><td>良</td><td></td><td>遗漏项</td><td></td></tr>
<tr><td>存在问题</td><td colspan="5"></td></tr>
<tr><td>改进意见</td><td colspan="5"></td></tr>
</table>

2 安全质量控制卡

编号：×××××

班组作业安全质量控制卡

作业名称：××kV××线×号塔停电更换水泥杆拉线

编制：××× 审批：×××

工作负责人：××× 小组成员：×××、×××

作业性质：停电作业

计划时间：××年××月×日×时×分至××年×月×日×时×分

1 作业前

1.1 内业准备

序号	类　别	规　格	单位	数量	确认
1．工器具					
1.1	个人工具	停电作业物品—个人工具	套	3	
1.2	标配工器具	标配工器具	套	1	
1.3	专用工器具	停电作业物品—专用工器具			
2．材料					
2.1	个人备品	停电作业物品—个人备品			
2.2	专用材料	停电作业物品—专用材料			
3．作业文件					
3.1	工作票编号				
3.2	现场勘察单	□已勘察　□无需勘察			
3.3	检修记录卡				
4．录音笔					
5.	实际综合人日	技工		民工	

1.2 出工准备

序号	名　　称	确认
1	任务分工（见附表：输电线路现场作业任务分工表）	
2	出工前检查作业人员着装、劳动防护用品和精神状态	

2　作业中

2.1　班前会

2.1.1　危险点分析及安全控制措施交底

序号	危险点分析	安全控制措施	确认
1	误登杆塔	1．设专人监护。 2．登塔前必须仔细核对线路双重命名、杆塔号，确认无误后方可上塔。 3．现场作业人员配戴停电检修线路的识别标志卡	
2	触电、感应电伤害	1．开工前必须办理线路第一种工作票。 2．采用合格验电器进行验电并在工作地段两端挂接地线，未接到工作负责人通知，不得上塔作业。 3．接地线拆除后，严禁所有人员上塔。 4．进入导线作业的人员必须使用个人保安线	
3	高空坠落	1．确认杆塔的本体及其基础、拉线和脚钉（爬梯）的稳固情况以及脚扣、爬梯等登高工具、设施是否完整可靠。手脚应抓稳踏牢。杆塔有防坠装置的，应使用防坠装置。 2．高空作业人员应正确使用背带式双控安全带，安全带和保护绳应分挂在杆塔不同部位的牢固构件上，并防止被锋利物损坏。攀登杆塔、杆塔上移位时，双手不得持带工具物品等，作业时不得失去安全防护	
4	坠物伤人	1．作业人员必须正确佩戴安全帽。 2．使用工具袋，较大工具等应固定牢靠，传递物件应使用绳索，禁止抛掷。工作点下方禁止人员通行或逗留，避免垂直交叉作业，无法避免时，应做好防坠物措施。公路边作业，应装设围栏并设专人看护，防止行人进入作业现场。 3．杆塔上作业人员要防止掉东西，使用的工器具、小材料应装在工具袋里。 4．传递物品所用绳索应完好无断股	
5	倒杆	先打好临时拉线，并确定临时拉线连接牢靠，锚桩牢固，临时拉线紧线器的方向开关应扳到正确的位置	

2.1.2　安全措施确认

我已知晓上述工作内容、地点、计划时间、人员分工、危险因素及防范措施，精神状态良好。 确认签字：

2.2　作业工序

2.2.1　作业组关键工序安全质量控制

序号	关键工序	风 险 提 醒	确 认				
1	验电挂接地线	1．对线路逐相进行验电，验明线路确无电压后，即在线路上挂接地线。 2．挂接地线时，先挂接地端，后挂导线端其接地端和导线端必须接触良好、可靠。接地线组件在杆塔上绑扎牢固，不能大幅摆动或掉落					
2	临时拉线制作	1．将临时拉线固定在拉线挂点附近，注意临时锚固点的承力校验。 2．使用铁桩固定临时拉线时应充分考虑拉线受力情况					

表（续）

<table>
<tr><th rowspan="2">序号</th><th rowspan="2">关键工序</th><th rowspan="2">风 险 提 醒</th><th colspan="5">确 认</th></tr>
<tr><th></th><th></th><th></th><th></th><th></th></tr>
<tr><td>3</td><td>拆除旧拉线</td><td>1．上下传递拉线应使用规范绳扣。
2．松、紧拉线下端时应使用防止拉线滑跑脱落的后备保护绳。
3．松、紧拉线过程应派专人，监视杆（塔）身防止杆塔倾斜</td><td></td><td></td><td></td><td></td><td></td></tr>
<tr><td>4</td><td>安装新拉线</td><td>1．上下传递拉线应使用规范绳扣。
2．松、紧拉线下端时应使用防止拉线滑跑脱落的后备保护绳。
3．松、紧拉线过程应派专人，监视杆（塔）身防止杆塔倾斜</td><td></td><td></td><td></td><td></td><td></td></tr>
</table>

2.2.2 工作监护

<table>
<tr><td colspan="4">专人监护</td><td colspan="2">是□ 否□</td></tr>
<tr><td colspan="4">杆号</td><td>监护人</td><td>登杆人</td></tr>
<tr><td></td><td></td><td></td><td></td><td></td><td></td></tr>
<tr><td></td><td></td><td></td><td></td><td></td><td></td></tr>
</table>

备注：作业工序内容可按检修杆塔数量增加页数。

3 作业后

3.1 内业工作

序号	流 程	要 求	确认
1	班后会	工作总结、评价及相应措施	
2	GPMS 流程推进	作业管理相关内容填写、上传完整，发现、处理缺陷录入	
3	录音上传	工作许可、安全措施交待录音	
4	作业文件归档	工作票、检修报表检查并归档	

3.2 作业评价

评价情况：经检查，本控制卡：□ 合格 / □ 不合格，存在______________________________问题，已向__________________指出。

检查人：____________

____年____月____日

3 电力线路第一种工作票

电力线路第一种工作票

单位：××××　　　　编号：××××

1．部门：××××　工作班组：××××　工作负责人：×××

2．工作班人员：×××；辅助工共×人

共 × 人

3．工作线路名称（多回线路应注明双重称号）：××kV××线线路

4．工作任务：

工作地点或地段（注明分、支路名称，线路的起止杆号）	工 作 内 容
××kV××线线路×号杆	更换拉线

5．计划工作时间：自××年×月×日×时×分至××年×月×日×时×分

6．安全措施（必要时可附页绘图说明）：

应转为检修状态的线路间隔名称	××变电站××kV××线×××线路
	××变电站××kV××线×××线路
应断开线路上的断路器、刀闸、跌落式熔断器（名称和编号）	
线路上应挂的操作接地线（应写明线路电压等级、名称、杆号和具体挂设的部位	
配合停电的线路	
其他安全措施和注意事项	

保留或临近的带电线路、设备：

工作班组应挂设的接地线：　　　　共有 × 组

线路电压等级、名称和杆号（注明方向）	接地线编号		执行人	
	高压	低压	装设	拆除
××kV××线线路××号塔小号侧	号			
××kV××线线路××号杆大号侧	号			

工作票签发人（施工单位）：×××　××××年××月××日××时××分

工作票签发人（运行单位）：×××　××××年××月××日××时××分

工作负责人：×××

7．确认本工作票1～6项。许可工作：

许可方式	许可工作的时间	许可人（含非本单位配合停电许可）	工作负责人
电话下达	××××年××月××日×× 时××分	×××	×××
	年　月　日　时　分		
	年　月　日　时　分		

8．工作负责人现场补充安全措施（针对防止倒杆、高处坠落、物体打击等的现场安全措施）：

详见班组作业安全质量控制卡，编号：××××××

9．工作票延期，有效期延长到：____年___月___日____时____分

延期原因：________________________

工作负责人签名：__________　值班调度员签名：__________

10．工作人员变动：

增添人员姓名	日	时	分	工作负责人签名	离去人员姓名	日	时	分	工作负责人签名

工作负责人变动：原工作负责人________离去，变更________为工作负责人。

变动时间：___年__月__日__时__分，并已通知工作许可人______。

工作票签发人：________

11．工作终结报告：

全部工作结束，工作班人员已全部撤离，现场已清理完毕，所挂接地线共______组已

经拆除。

终结报告的方式	终结报告的时间	许可人 （含配合停电许可）	工作负责人
	年 月 日 时 分		
	年 月 日 时 分		
	年 月 日 时 分		

12．备注：

（1）指定专责监护人：________负责监护（人员、地点及具体工作）：________

（2）监督负责人：________

（3）其他事项：________

13．交任务、交安全措施确认：

我对工作负责人布置的工作任务及安全措施已明白无误，所做安全措施已能确保我的工作安全。

工作班人员签名：____

____

____

____

14．评价情况：

经检查本票为______票，存在____

________________________________问题，已向______指出。

检查人：______________

____年____月____日

思考与练习答案

1．答：（1）线夹的舌板与拉线应紧密接触，受力后不应滑移。线夹的凸肚应在尾线侧，安装时不应使线股损伤。

（2）拉线弯曲部分不应有明显松股，断头侧应采取有效措施，以防止散股。线夹尾线宜露出 300～500mm，尾线回头后与本线应用镀锌铁线绑扎或压牢。

（3）同组及同杆拉线的各个线夹，尾线端方向应力求统一。

2．答：NUT 型线夹带螺母后的螺杆必须露出螺纹，并应留有不小于 1/2 螺杆的可调螺纹长度，以供运行中调整；NUT 线夹安装后应将双螺母拧紧并应装设防盗罩。